愛がなくても生きてはいけるけど

拝啓、親愛なる私達へ。

最初に抱いた夢は、カウボーイになることだった。その次はお笑い芸人、その次は打って変わって刑事。中学生になる頃はオリンピック選手に憧れていて、高校生の途中で何故かパティシエになりたくなった。その後は漠然と起業を夢見たり、クリエイティブな仕事に憧れて、カメラマンとか映像制作とか、作家の真似事なんかもしたりした。どれも長くは続かなかった。
いつの間にか時間が過ぎて、なんてことのないありきたりな志望動機が記載された履歴書を携《たずさ》え、安物のリクルートスーツに着られながら就活をこなし、かつて抱いていた夢のことなんてすっかり忘れて、規則正しく、一定のリズムで社会の歯車を回しながら毎日を円滑に、それでいて無気力に乗りこなす日々が続いた。

人生とは本当に分からないもので、なんの因果か、今こうして私は、作家として文章を書く仕事をしている。最後に思い描いた、なれそうにもない馬鹿げた夢だけが叶ってしまったことになる。思えば、この未来に辿り着く伏線は沢山あった。小学四年生の頃には、物語係という謎の係を押し付けられ、毎週四コマ漫画をクラスに発表する苦行を強いられていたし、中学一年生の頃には、クラスメイトが夢想して作った設定表をベースに、夏休みを通して小説みたいなものを書いたことがあった。それ以外にも、今になってみれば言葉を使って何かを創作した経験というのが、人よりも多かったような気がする。ただの思い込みだろうか。けれど、過去にはこうした未来への断片的な伏線が詰め込まれているのかもしれない。

運命という言葉はあまり好きではない。最初から進む先が決まっていることほど、退屈なことはないと思ってしまうからだ。しかしながら、同時に、無意味な出来事なんて一つもないのではないかとも思っている自分がいる。

深夜灯《あか》りの消えた一人の部屋で、意味もなく泣いてしまった日、別れ際に恋人に吐かれた辛辣な言葉、既読のつかないメッセージ、浪人しても届かなかった合格通知や、第一志望の企業からのお祈りメール、「また明日」と言って別れてから二度と会うことのなかった友人、同僚に感じる負い目や軋轢《あつれき》、周囲の結婚からの焦り、浮気、不倫、自傷。

その全ての無意味に思える一連の過去から何を学び、どんな立ち上がり方をしてきたかが、私達の行く末を決めているようにも思う。

この本は、誰の気にも留まらない、私と私の身近な人が織り成した過去から得た、戯言《ざれごと》に近い教訓の独り言である。寝つきの悪い夜のお供にでも、嘲笑の的にでも、涙を拭く塵紙《ちりがみ》にでも、好きなように使えば宜しい。しかしながら、一つでも納得出来てしまうものがあったとしたら、私と貴方は、恐らく同類の人であろう。

拝啓、親愛なる私達へ。

これは、私の人生の話であり、貴方の人生の話だ。

敬具

目次

「愛」という不確かなものへの見解

他愛もない幾つかのエッセンス

元も子もない現実の話

正しさよりも大事なこと

10代で知っておきたかったこと

私が私であるために必要なこと

写 真／詩

装 丁／岡本歌織（next door design）

不恰好の愛が教えてくれたこと

片想いは最低の悪夢で、
最高に幸福な時間。

届かない恋だと分かっていても、不意に向けられる笑顔や優しさに一喜一憂してしまう片想いは、人生最低の悪夢であると同時に、人生最高に幸福な時間でもあると思う。

例えその恋が報われなかったとしても、貴方はきっと今までで一番綺麗になったはずだ。

不恰好の愛が
教えてくれたこと

「好き」と言えなかった恋の方が
忘れられない。

「好き」という言葉を口にするのが苦手だった。

個人的な事情を押し付けているかのような気がしていたからだ。

私はこと恋愛においては生粋の臆病者である。自分から「好き」と言えた恋愛は情けないことに殆《ほとん》どない。自分が傷つくことから逃れるために、直接的な言葉を避け、相手に「好き」と言って貰えるように仕向けることを驕《おご》りではなく駆け引きだと豪語し、運良く恋仲になれた相手には「愛を感じられない」とか、「私だけ溺れているみたい」なんて陳腐《ちんぷ》なセリフを並べられて別れを切り出されるのがオチだった。そのたび私は、「愛とはなんだろう」とこれまた陳腐なことを考えてきたわけである。

数々の醜態を晒《さら》しながらも、学習せずにぐるぐると愛について考えながら過去を振り返るうちに、思い出しているのはいつも「好き」と言えなかった恋の方だと気づいた。言えなかった「好き」は何処に行くのだろう。そんなことも考えていた時期がある。

どうやら何処にも行けないまま、私の中に痛みを伴う棘《とげ》となって留まっているみたいだ。

不恰好の愛が
教えてくれたこと

何年好きだったかは関係がない。

どれだけ長く、どれだけ深く、相手のことを好きでいる自信があったとしても、それが相手に届くかどうかには関係がない。タイミングであったり、好みであったり、二人でいる時間の居心地であったり、そういった要素が噛み合って初めて恋愛は成立するものなんだと思う。相手を振り向かせるために有効な駆け引きの術《すべ》はあるし、タイミングを上手く見極められる人は、ある程度はごまかしが効くかもしれない。

でも、掛けた年月が望んだ結果をもたらすほど、人の感情というのは単純じゃないみたいだ。

不恰好の愛が
教えてくれたこと

一番を決めきれない人から
愛想を尽かされていくのだと思う。

「一番好きなものって何？」

その質問が、人生で一番苦手だ。回答に困る。私はいつも一番を決め切ることができない。一番好きな食べ物も、音楽も、映画も、小説も、何一つこれが一番好きと言い切れるものがない。浮気はされたことがあってもしたことはない。それでも人を好きになった時、何よりも一番愛しているかと言われると、言葉に詰まりかけてしまう自分がいる。誰かにとっての一番になりたい。私自身もそう思っているはずなのに。

多分、一番を決め切れない私みたいな人から、愛想を尽かされていくのだと思う。「二番目でもいい」なんてセリフを苦肉の策ではなく心の底から本気で言っている人なんて、存在していないのだから。きっと私は一番に愛したものがいつか自分の傍から消えてしまうのが怖いのだと思う。

私に足りないのは、傍にあることへの信頼と、永遠への期待と、ほんの少しの愛される覚悟ってやつなのかもしれない。

不恰好の愛が
教えてくれたこと

欠点こそが愛の理由。

もし、恋と愛に明確な違いがあるのだとしたら、それは欠点を愛でられるかの違いだと思う。美点で恋をして、欠点を愛していく。それが一連の流れだとしたら、恋愛という行為も些《いささ》か説明がつくような気がしている。

誰しも生まれつきどうにもならない欠点を抱えている。それは本人の意思に反して存在しているもので、抗ったとて拭いきれるものではない。

恐らく私は、そんな欠点ごと愛してくれる人を探して、こんなにも張り裂けそうな思いを抱えて、恋を繰り返しているのだと思う。いつか愛に辿り着くために。

永遠なんてないけど、
永遠に続きそうな
一瞬をくれる人はいる。

この瞬間が永遠に続いて欲しいと願ったことは幾度もあるが、やはりそのどれもが永遠に続くことはなかった。

しかし、今もまだ続いているような気にさせる一瞬をくれる人には、何人か出会ったことがある。彼らは決まって私の人生の窪《くぼ》みごとに現れる。そして、それほど長く隣にいることもなく、ふらりといなくなっていった。永遠はやっぱりなかったけれど、どうにも独りでは眠れなくなった夜に、「私は大丈夫だ」と思わせてくれる永遠に続きそうな一瞬を与えてくれた人達のお陰で、私は今日もなんとか生きることが出来ている。

不恰好の愛が
教えてくれたこと

「好きかもしれない」は
もう負けている。

好きかもしれない――そう思った人がいた。今考えれば、その時には確実に恋心を抱いていたと分かるが、直近で前の恋人と別れていたのも作用したのか、その時は自分の胸の内に秘めていた感情に上手く向き合うことが出来なかった。結局、私が自分の中でウダウダと「これは恋じゃない」とか「勘違いかもしれない」とか論争を繰り広げて答えを先送りしている間に、その人は別の人との恋を成就させ、青春を全《まっと》うしてしまった。

私は曲げようのない事実を前にして、漸《ようや》く「好きかもしれない」を「好き」と認められた。その頃には、既に文字通り指を咥えながら見ていることしか出来なかったけれども。

好きかもしれない。そう思った時に、何故動き出さなかったのだろう。ちゃんと向き合えたからといって結果が好転したのかは分からない。けれど今も時々、向き合い切れなかった自分の「好き」という感情に、身体の内側から避けようのない痛烈なボディーブローを貰うことがある。

「好きかもしれない」

そう思った時には、既に負けているのかもしれない。

想いを上手く言語化出来ないから、
「愛」という言葉を借りている。

「私だけ溺れているみたい」と言われて振られた頃、私には、自分の気持ちに真っ直ぐ向き合う勇気も、胸の内にある想いを余すことなく言語化して伝えられる器量も備わっていなかった。今ですら、そんな大層なものは身に付けられていない。

上手くこの気持ちを伝えられない。届けられなくてもどかしい。何度恋を繰り返しても、想いを上手く言語化出来ないから、私は「愛」という言葉を借りているのかもしれない。

不恰好の愛が
教えてくれたこと

「好きだから」は
繋ぎ止める理由にはならない。

別れを決意していた私に、「好きだから」とその言葉を頑なに受け入れてくれなかった人がいた。当時の私の意志は固く、地元に住むその人との間に生まれた五時間もの移動時間を超えて、その恋愛を継続させる胆力も熱意も既に存在していなかった。けれどもその人は、私の真正面に立ち続けた。

〝好きだから〟その理由だけを持って。

私が逆の立場でも、そうしていたんじゃないかと思った。だが、一方通行でひとりよがりの「好きだから」は相手を繋ぎ止める理由にはならないことを私はこの時知ってしまったから、もうその言葉を使って誰かを繋ぎ止めようと試みることはないと思う。例えその想いが、どれだけ強く純粋なものであったとしても。

不恰好の愛が
教えてくれたこと

一度好きになった人を、
心底嫌いになるのは難しい。

一度でも好意を持ってしまった人を、心底嫌いになりきれない。

この感情が、もしかすると情というやつなのかもしれない。どれだけ自分が傷つけられても、周囲からの評判が良くなくても、少なからずその人の良いところを知っているから、「なんだかんだ良い人だよ」と私は関係そのものを断ち切ることが出来ない。

好きになってしまったことが、嫌いになることへの弊害になるなんて、好きになるまでは思ってもみなかった。

傷つけられてもまだ期待するのは、
好きだから以外に理由なんてない。

どれだけ関心のない態度を取られても、自分以外の誰かとの決定的な瞬間を目撃しても、どれだけ傷つけられてもまだ期待してしまうことに、「好きだから」以外の理由はなかった。

幸いなのか、仮にその言葉をぶつけたとしても、現実は何も好転しないことを私は既に知っていた。だからそれ以上自ら針の山に飛び込んで自傷行為を繰り返すことはしなかったけれども、手の出しようがない距離からただ眺めていることしか出来ないのもまた、自傷行為と同等だった。

どちらの選択を取っても、報われない恋を経ても、結局人に期待しないで生きられるほど、私は強くはなれなかった。

不恰好の愛が
教えてくれたこと

好きにも何種類かある。

好きには幾つか種類がある。そしてその種類は、年齢を重ねるたびに増えていくものだと思う。あるいは、ある時を境に急激に増え始めるものでもあると思う。

かつてのように、「好き」だけで純粋に向き合えていた恋愛が出来なくなるのは、気づかない間に自分の中で増えた好きの種類に戸惑い、自分自身でもその「好き」の正体が分からなくなるからなんだと思う。恋愛の煩わしさは、多分「好き」の種類の入れ違いにある。

一人の夜より、
隣にいるのに触れられない夜の方が
ずっと苦しい。

寂しさに苛まれながら一人で過ごす夜は、誰かと分け合いながら超える夜より、厳しく長く感じる。それよりももっと辛かった夜は、息遣いも体温も感じる距離で、触れられることすら出来なかった夜だった。そっと手を伸ばせば、その柔らかい肌に触れられたのかもしれない。けれど、隔てられた心の壁のようなものがそれを許してくれなかった。

一人でいることよりも孤独を感じる瞬間を、無意識に作られた心の距離が生み出していた。

不恰好の愛が
教えてくれたこと

別れの理由は
聞いておいた方がいい。

別れの理由を聞けないまま終わらせてしまった恋が、未だずっと後を引いている。今更「別れたい」と言った相手の決心の理由を知ったところで、何も変わらないというのに。その言葉を言わせてしまった原因が、自分では分からなかったからだろうか。もしかしたら、「分からなかったこと」が別れの原因だったりするのだろうか。

いずれにせよ、私がどれだけ頭を悩ませようと、その理由をもう知る由はない。

「愛」に正しさなんかない。

歪んでいて、捻《ねじ》れていて、複雑に絡まり合い、元に戻す方法が分からないほど混濁《こんだく》し、壊れた電波時計みたいに少しずつ狂っていて、長針を追いかけた短針がさらに狂い、狂って、それでも狂い切ることが出来ずに、その場で立ち止まり、投げ出してしまいたいとすら思って塞ぎ込んでみても、それすら許されず、結局少しずつ、正しさからかけ離れていく。

何を言っているのかよく分からないと思う。私自身も分からない。つまるところ、「愛」には正しさなんかないということだ。

全部少しずつ、間違っていて、狂っている。「愛」はそのままでいいのだと思う。

不恰好の愛が
教えてくれたこと

傷だらけの恋愛が
人を大人にさせる。

綺麗な終わり方ではなかった恋愛は少なくない。円満な別れは理想かもしれないが、その大体は、傷つけたくなくてもお互い知らないうちに猫に引っ掻かれた家の壁みたいにボロボロになるものだ。

誰も傷つきたくなんてないし、出来ることなら永遠の愛に酔いしれたい。でも、逃げ回って無傷のままの人より、隠したくなるぐらい全身傷だらけの人の方が幾分か大人に見えるのは、きっと痛みを知っているからなんだと思う。

失恋なんて出来ればしたくはないけれど、別れがあったから今の自分があるのだと思うと、そんなに悪いものではないのかなって思ったり思わなかったり。

フってくれてありがとう。一緒にいてくれてありがとう。

綺麗じゃなかった恋愛も、「貴方のお陰で」と言えるくらい強くなりたい。

不恰好の愛が教えてくれたこと

奥手な人は一言余計なくらいで丁度いい。

大学二年生の頃に一般教養の選択科目で取った文学論の教授が、授業をそっちのけで人生に役立ちそうな教訓をだらだらと語り続ける人だった。その殆どは、やはりなんの糧《かて》にもならなさそうな、寧《むし》ろ自慢に近いような話ばかりで、大半は覚えていない。

ふとこの本を書くためのネタ集めで過去の日記を見ていたら、一つだけ教授の言葉が残っていたので、その言葉を借りたいと思う。

「饒舌《じょうぜつ》すぎる人は一言足りないくらいで丁度よくて、奥手な人は一言余計なくらいで丁度いい。だから奥手な人の足りない一言を饒舌な人が補ってあげるのが丁度いい。僕が妻のような人と結婚出来たのは奥手な彼女の足りない一言を補えるからだ」

結局これも、自慢話だった。

忘れられないけど、
ちゃんと前には進んでいる。

「早く忘れなくちゃ」と言って、闇雲に裸足のまま走り出そうとする人がいる。忘れられないことを「立ち止まっている」と感じてしまっているのかもしれないが、そんなことはない。目の前が涙で滲んで見えづらいかもしれないが、ちゃんと前には進んでいる。

今するべきなのは、靴も履かずにいきなり走り出すことじゃなくて、ちゃんと靴を履き、時折解けた靴紐に躓《つまず》きながらも、また結び直して、一歩ずつ、ちゃんと歩いていくことだ。

そうしているうちに、忘れられているかもしれない。

不恰好の愛が
教えてくれたこと

一人で見る花火も
ちゃんと綺麗だった。

都内近辺で開催される夏の花火大会を、七月から十月頃まで毎週のように二人で駆け回っていたことをふと思い出した。神宮外苑《じんぐうがいえん》花火大会をはじめ、隅田川《すみだがわ》、江戸川《えどがわ》区、よこすか開国花火大会も行ったし、熱海《あたみ》まで足を伸ばしたこともある。花火を見に行ったのは、記憶のある限り小学四年生以来のことで、田舎とは一味違う演出と、花火の規模に目を奪われつつ、一歩すらまともに動かせない人混みに酔ったのを覚えている。

翌年は、隣にいた人がいなかった。だから、花火大会があることも電車で浴衣姿の人を見かけるまですっかり忘れているくらいだった。

ある日、東横《とうよこ》線の白楽《はくらく》駅近辺に住んでいた姉に会いに行った帰りの電車で、偶然車窓の向こうで花火が上がっているのが見えた。去年とは変わってしまった私を置いて、今年も花火が上がっている。その事実が少しだけ淋しくはあったけど、一人で見た花火も、ちゃんと綺麗だった。

なんとなく隣にいたい気持ちが、
一番愛に近い。

これまでにも、幾度となく愛について考え、実践に失敗してはまた実践を繰り返してきた。

「愛」についてそれらしいものは幾つか見つけられたが、核心に迫れるほどのものは未だ見つけられていない。多分、「愛」についてあれこれと考えていること自体が間違っているのだと思う。

何も考えず、理由も見つけられず、それでもなんとなく隣にいたいという気持ちが、一番愛に近いような気がしている。

不恰好の愛が
教えてくれたこと

愛し方は、愛された人から学ぶもの。

私達は、愛されたようにしか他人を愛することが出来ない。

血を分けあった両親から始まり、沢山の不恰好で不慣れな愛を受け取りながら、私は大人になってきた。

受け取る愛も、与える愛も形は一つじゃない。だから初めから真っ直ぐ人を愛することが出来る人もいれば、歪んだ愛し方しか知らない人もいる。そもそも愛し方を知らない人だっている。

愛そうとしなければ、愛して貰えない。けれども愛されなければ、愛し方が分からない。

その矛盾が、愛という言葉の煩わしさであり、愛おしさなのかもしれない。

不恰好の愛が
教えてくれたこと

両思いが必ず実る恋とは限らない。

両思いこそ、実は一番関係性を停滞させてしまうのではないだろうか。

いつでも前進出来るという確信に似た油断、もしくは怠慢が、あと一歩踏み出すだけの勇気を挫《くじ》いている気がしてならない。

人を好きになることで、
自分の好きも広がる。

ＨＩＰＨＯＰは好きじゃないし、ワイルドスピードのような過激なアクション映画も好みじゃない。やたら説明口調な小説は苦手だし、休日の朝に早起きして出かけるなんて理解が出来ない。

それでも好きな人が「好きだ」というのなら、それらすらも好きになれた。

人を好きになるって、多分そういうことだ。

不恰好の愛が教えてくれたこと

一番に愛した人と結ばれない理由。

一番好きな人とは結ばれない。結婚するのは二番目の人が良い。そんなことが囁《ささや》かれるようになったのはいつからなのだろうか。何故私達は、一番好きな人と結ばれないのだろうか。こんなにも相手を想い、張り裂けそうな胸の痛みを抱えているというのに。

私はこう思う。邪魔をするのは、一番大切だと思う気持ちなんじゃないかと。傷つけたくない、嫌われたくない。好きだと言って欲しい。だから私達は、必要以上に相手に優しくなってしまうのではないだろうか。そして何より、その人の前では完璧であろうとしてしまう。好きだという気持ちが先行しすぎると、私達は、本来の自分ではなくなってしまうのかもしれない。たぶんそれは、自分では気づくことが出来ない。

初恋が上手くいかない理由も、多分同じ。

相手が自分を好きになってくれるのは、貴方が尽くしてくれるからじゃない。本来の貴方が愛おしいからだ。だからいつでも、自分に素直に生きてみたらいいのではないだろうか。

それが出来ないから、恋愛は難しいのだけれども。

不恰好の愛が教えてくれたこと

運命と決めつけるにはまだ早い。

運命という言葉に翻弄されていた時期がある。今振り返れば、当時の恋愛はなんて格好がつかず、不器用で、それでいて甘酸っぱく痛々しいのだろうと羞恥で顔を覆いたくなる出来事ばかり。その時感じていた初めてのトキメキは、「この人しかいない」とウブな私に思わせるには充分すぎる効力を持っていたと思う。何を根拠に運命と決めつけていたのかは分からない。そもそも理由なんてなかったような気もしている。もしかすると、運命というそれっぽいものに憧れていただけなのかもしれない。とにかく夢中で恋をしていて、何に変えてもその子の愛の矛先が自分に向いて欲しかった。

少し前、「地球上に男は何人いると思ってるの?」というセリフで一世を風靡《ふうび》した芸人がいた。あれはお笑いとしてではなく、私のような恋に盲目だった人間が一番耳を傾けないといけないセリフだったのではないかと今更思う。

運命と決めつけるには、私はまだ世界を知らなさすぎたようだ。

未練があるわけじゃないけれど、
思い出す日くらいあるじゃない。

「愛」という
不確かなものへの見解

「愛」という
不確かなものへの見解

何を愛してきたかが人を作る。

これまでの人生で何を愛してきたかが、その人を形成している大枠だと思う。
相手を手っ取り早く知るには、これまでに愛してきたものを聞くといい。
それで大体の人となりと、感性を理解することが出来る。

「愛」という
不確かなものへの見解

快感に委ねても、孤独は埋まらない。

東京《とうきょう》に来てからは、幾度となく言い訳を重ねながら、一時的な快感に身を委ねて得体の知れない虚しさや寂しさの類から逃げてきた。

人の肌に触れるたびに、夜が明けて名前も知らない誰かを駅で見送るたびに、どうしようもないやるせなさから自己嫌悪に陥った。性懲りもなく何度と繰り返してしまったのは、それ以外に孤独との向き合い方が分からなかったからだ。こんなダサすぎる言い訳を口にしたくはないけれど。

どれだけ深い快感が全身を襲っても、結局のところ、何も解決しなかった。

孤独に立ち向かうには、やはり真正面から受け止めるしかないようだ。

何気なく発した言葉が、
誰かにとっての
呪いになることがある。

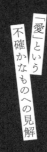

特に深い意味もなく、思いつくままに音にした言葉が、誰かにとっては拭いきれない呪いになることがある。良い意味でも、悪い意味でも。

真夏にサーフィンを楽しんで毎年全身真っ黒になっていたのに、恋人の何気なく発した、「病的に白い人が好き」という言葉でパタリとやめ、日焼けに気を使ってインドア派になった男性がいた。

「ショートより、黒髪ロングが好きなんだよね」という言葉で、小学校からずっと変わっていなかった髪型を変えて、別れてからも髪を切れなくなった女性がいた。

意図せず発した何気ない言葉が、何年も解けない呪いみたいに身体を支配してしまうことがある。

その呪いを解く方法は知らない。ただ、王子様のキスではないことは確かだ。

「愛」という不確かなものへの見解

恋敵は親友になり得る説について。

私達の周りには常に自分以外の人が溢れている。加えてＳＮＳやマッチングアプリの浸透で出会いの場は日々拡張され続けている。そんな現代で、私達が同じ人を同じ時期に好きになるのはどれくらいの確率なのだろうか。

残念ながら私は理系ではないので計算式は立てられないし、そもそも考えようとも思わない。ただ、それがどれほど稀なことなのかは想像に容易いはずだ。

同じ人を好きになるというのは、それだけ波長が近い証拠なのではないだろうか。もし偶然にも同じ時期に同じ人を好きになった人がいたら、貴方にとって親友になり得る可能性を大いに秘めている人だと思って接してみて欲しい。いがみ合うこともあるし嫉妬の対象になることも理解出来る。ただ私の説が正しいのであれば、いつか「恋敵」が貴方の親友になる日が訪れるかもしれない。

誰かがこの説を検証してくれることを願うばかりだ。

「愛」という
不確かなものへの見解

男女の友情は小さな亀裂で終わる。

様々な要素が限定的に噛み合えば、男女の友情は存在し得るものだと私は思っている。しかしそれも、やはり綱渡りの要素が強い。崩れるきっかけには、それほど大きな出来事も必要ないと思う。

会話の流れで発した一言、偶然鼻腔を擽《くすぐ》った香り、突発的な反応、仕草、そんな気にも留めない些細なことで入った亀裂が、一人の友人を失うきっかけになり得てしまう。男女を隔てる壁は高くも強靭《きょうじん》でもないことを、少しは分かっておくべきなのかもしれない。

「愛」という
不確かなものへの見解

優しさとは、傷つけるのを
躊躇うことではない。

単に甘美な言葉を掛けてあげることは、優しさではなく慰めで、それをしている自分の自己満足にすぎない気がしている。優しさとは、傷つけるのを躊躇うことではなく、頭上から矢が降り注ぐ戦場に、共に駆け出す覚悟のことを言うんじゃないだろうか。それを恐らく綺麗事と言うのだけれど、綺麗事なしに、人に優しくなんて出来ないと思う。

「あの頃はさ」と話せる友人が
一人でもいたら多分幸せ。

大学生にもなると、自然と疎遠になる人が増える。地元を離れる人もいるし、大学で新しいコミュニティに属する人もいるし、働き始める人だっている。

自分でも気づかないうちに、過去の自分を知っている人は、手の届く範囲に殆どいなくなる。でも時折、不意に立ち止まって「あの頃はさ〜」と同じような話を繰り返し語り合いながら、過去に浸りたくなる夜がある。そんな夜に、中身のない過去の話をダラダラと続けられる友人がいるのは、多分替えの利かない幸せになる。

もし、「あの頃はさ」と幼少期から思い出を語り合える人がいるのなら、その人の手だけは、絶対に離さないでいて欲しい。既に自分にとって、欠いてはいけない一部になっているはずだから。

「愛」という
不確かなものへの見解

依存先は沢山あった方がいい。

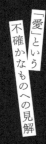

何かに依存しながら生きるのは、それほど悪いことではないと思う。依存先は恋人でもいいし、タバコでもアルコールでもいいと思う。ペットに依存したっていいし、友人に依存するのも親に依存するのも別に間違ったことではない。でも、依存先は幾つかあったほうがいい。

一つに寄りかかり過ぎて生きていくと、その柱が崩れた時に立ち方が分からなくなる。一本じゃ心許なく不安定な柱も、数本集まればそれなりに安定する。何本かの柱に依存しながらでもなんとか立ち続けていれば、いつか一人で立つ方法も分かるようになるかもしれない。

親には感謝出来るうちに
しておいた方がいい。

毎年夏になると、実家の近くで開催される花火大会を母親と姉と一緒に家のベランダから眺めるのが恒例行事だった。私は中学卒業を機に実家を離れ、その慣習は途切れてしまったが、大学二年生の夏、実家に帰省していたタイミングが偶然花火大会と噛み合い、私は母と愛犬と共にベランダから花火を眺めていた。辺鄙《へんぴ》な田舎にある実家の周辺は、私が生まれた頃から田んぼに囲まれた孤城のような状態だったが、米の作り手が居なくなった田んぼが売りに出され、次の年には小さな住宅街が出来上がってしまい、ベランダから花火が見えるのは、その年が最後だった。

五年振りに並んで花火を見ている母は、前に会った時より随分華奢な体つきになったような気がした。母の腕に抱かれる愛犬の毛並みも、白髪混じりでかつてほどの艶がなくなっていた。私より高かったはずの母の背が、今は随分小さく感じられた瞬間、いつか来る別れが怖くなるのと同時に、私は両親に、まだ何も返せていないことが酷く情けなく思えた。

せめて伝えられるだけの感謝を伝えようと、私はその夏、最後の花火に誓った。

「愛」という
不確かなものへの見解

人に頼るには、
まず信じてみるところから。

人に頼るのが苦手な類の人がいる。私もその一人だ。何事も自分がやって解決するならそれでいいと思ってしまっていたり、あるいは自分がやった方が円満かつ速やかに解決すると思ってしまっていたりするのだ。そして、大体人を信じきれておらず疑り深い人種だ。

まずは理由もなしに信じて見るところから始めた方がいい。過度な期待はせずに、信じて任せてみるのだ。その過程では、やはり信頼に値しない人物は見つかるだろう。

逆も然りで、思っても見なかった人物が全面的に信頼を置ける人物だったと判明することもある。

それを見つけた後は、信じて頼ればいい。

会いたい人に会えなくなってからが
人生の本番だったりする。

性愛にまつわる偏見と暴論

性愛にまつわる偏見と暴論

愛とは
コンプレックスの結晶のこと。

自分の認識と、他者の認識は必ずしも一致するとは限らない。

就活生時代、某ベンチャー企業のインターン面接で、「自分の弱みとか、改善したいと思うところはどこ?」と聞かれて、「慎重すぎるのと、他人の目を気にしすぎるところ」というニュアンスの回答をしたら、「それって、丁寧かつ細やかに気配りが出来るってことじゃないの?」みたいなことを言われて戸惑った経験がある。

人は自分の弱みには敏感でも、強みには気づけていないのかもしれない。その日考えた仮説だ。ちなみに、「もっと人間的な欠陥とかコンプレックスを知りたい」みたいなことを聞かれたので、臆さずベラベラ話したら、面接は落ちた。

これを「愛」というものに置き換えて考えてみると、同じようなことが言える気がしている。先に述べた、「美点で恋をして、欠点を愛していく」という流れが正しいのであれば、自分にとっては晒したくないコンプレックスも、他人にとっては、愛おしさの原点になり得るだろう。そして、互いの曝け出されたコンプレックスの結晶が、育まれた愛そのものではないだろうか。

「こんな私でいいの?」と問われた時、私達が返すべきセリフは決まっているはずだ。

性愛にまつわる
偏見と暴論

身体だけの繫がりを
求める人もいる。

「心の繋がりまで求めるのなんて面倒じゃん」と言う人がいる。

「関係の名前なんてどうでもいい」と言う人もいた。

「愛がどうこう語るより、目先の快感があればそれでいい」と言う人もいた。

彼らを見ていると、一概にクズ男とかビッチだとかに纏《まと》めるのも違うような気がした。求めているものが違うだけで、それが間違っているとも思わなかったから。

性愛にまつわる
偏見と暴論

若さとは
ないものねだりの繰り返し。

「好き」と言われた時に「好き」と言える素直さが欲しかった。

「大丈夫？」と聞かれた時に「大丈夫じゃない」と言える余裕が欲しかった。

「会いたい」と誰かが泣いている時に「今から行く」と言える優しさが欲しかった。

「頑張って」と声援を送られた時に応えられる強さが欲しかった。

何かを手に入れた先には、また別の欲しいものがあった。何もかもが欲しくて、届かないものにまで手を出した。

若さとは、何もかも諦め切れなくて、ないものねだりを繰り返していくことなのだと思う。

そして全ては手に入らない事実に絶望して、初めて傍にあるものの大切さに気づくだろう。

性愛にまつわる
偏見と暴論

身近な人への「推し」という感情は関係維持の為の言い訳。

「推し」という言葉は俗語で、意味は「人に薦めたいと思うほど気に入っている人物や物」のことを表している。主にアイドルやキャラクターなどに向けられる感情のことを指すが、この「推し」という感情を身近な人に対して向ける場合、言葉の意味通りに扱えている人は少ない気がしている。

もし、自分の手が届く範囲に「推し」の存在があるなら、その人が自分以外の誰かのものになることを想像してみて欲しい。やっぱり素敵な人だ、薦めてよかったと心から思えるだろうか。

少しでも嫉妬や疎外感といった邪《よこしま》な感情が胸中に渦巻くのなら、その「推し」という感情は恐らく現状の関係を維持するための言い訳にしか過ぎない。「推し」という言葉の誕生で、感情に向き合いきれない人が増えていないことを切に願うばかりだ。

性愛にまつわる
偏見と暴論

魅力的な人の隣は
既に空いていない。

人生何かを始めるのに遅すぎるということはないが、私はまだ若いからと悠長に構えていると痛い目を見ることになる。年を重ねるにつれて、少しずつだがそれを実感する機会が増えた。

恋愛的な観点で話すとすれば、学部やバイト先で見かける好みの異性には、大抵恋人がいるようになる。最早「恋人はいますか？」という会話すら不毛だ。

外見から入るなと苦言を呈されるかもしれないが、中身が素敵な子の隣にも、大抵自分以外の誰かが隣にいる。これまでの経験を武器に、少しでも魅力を感じたら、すぐに行動に移せる人が既にいるからだ。その差を埋めるには、無駄な駆け引きや世間体を気にしている場合じゃない。なりふり構わず手に入れる覚悟がないと、欲しいものはもう手に入らなくなる。

「好きにならないでね」と言う人は。

「好きにならないでね」と言う人は自分に好意があるのを知っている。
「好きにならないでね」と言う人は向けられた好意に甘えている。
「好きにならないでね」と言う人は求めているものを何も与えてはくれない。
「好きにならないでね」と言う人は別の人にも同じ言葉を吐いている。
「好きにならないでね」と言う人は私を幸せにはしてくれない。

性愛にまつわる
偏見と暴論

恋愛的に惹かれる人は、
何故か皆同じ匂いをしている。

幾つもの出会いと別れを繰り返していく中で、私が恋愛的に惹かれる人は何故か皆同じ匂いをしていることに気づいた。

意図して選んでいるわけでもなく、ただの偶然。同じ香水をつけているとか、同じ柔軟剤を使っているとか、あるいは私が使っているシャンプーを共有しているわけでもなかった。性格も、髪型も、顔すらも似ていない。でも、その人達からは、何故かいつも私の知っている匂いがしていた。

毎回無意識に惹かれているのが、その匂いだったのかもしれない。

「好きになった人がタイプ」と公言する人は、多分無意識に同じものを追いかけているのだと思う。

だとしたら、私は未だに誰の影を追い続けているのかしら。

性愛にまつわる
偏見と暴論

愛と憎しみは隣り合わせ。

相反するもののように見えて、愛の隣には必ず憎しみが存在する。
愛に幸福だけでなく苦しみも存在するのは、愛と憎しみの狭間の葛藤にある。
憎いほど愛おしく、愛おしいほど憎い。

性愛にまつわる
偏見と暴論

愛される覚悟とは。

百の要素があるうちの、一から九十九を晒す覚悟と、残りの一を何があろうと最後まで秘密にして守り抜く決意のこと。

底なし沼は意外と
寝心地がいいらしい。

他愛もない
幾つかのエッセンス

他愛もない
幾つかのエッセンス

ネットに溢れている恋愛術は
エンタメ。

今や数文字のワードを入れて検索をすれば、欲しい情報は大体手に入る便利な時代になった。ＳＮＳの流行と共に個人で情報発信をする人も増え、最近では食べログよりもインスタでお店を探すことが割と普通になっている。

それは恋愛というジャンルにおいても例外じゃない。「恋愛　上手くいく方法」とか「恋愛テクニック」とかで検索をかけると沢山の記事や投稿を見つけることが出来る。一読してみると、なるほどと感心するものは確かにあったし、実行に移してみたこともある。ただ、どれも上手くいった試しはない。

やはり恋愛には普遍的と言えるものがなく、絶対にこれだと言える答えも存在していない。

恋愛術を信じすぎず、自分の中で納得出来るものを見つけるべきじゃないだろうか。

写真を消すことと、
忘れることは直結しない。

写真フォルダに残っている別れた恋人との思い出を見るのが辛くて、忘れるために写真を消そうと試みることは、寧ろ思い出を深く自分に刻み込む行為に近い気がしている。

忘れることが出来ないのは、そこに写真や思い出が残っているからではなく、思い出さないようにと面影から逃げ回り、向き合うことが出来ないからではないだろうか。

少なくとも、私はそうだった。

「ミステリアス」な雰囲気は
秘密を隠すことで
生まれるわけじゃない。

ミステリアスな雰囲気を纏う人に憧れていたことがある。ひた隠しにする過去には一体どんな秘密があるのだろうと探究心を擽られたのだ。でも大半は、別に特別な秘密を隠している訳じゃなかった。中には晒すことで人生の舵取りが変わってしまうほどの秘密を抱えている人もいたが、大半はただ自ら表に出してこないだけであったり、あるいは本当に何も秘密がなかったりのどちらかだ。

「秘密がないのにあるように見せられるのが上手い人っているよね」

大学生の時に通っていた美容室の女性スタッフが、会話の流れで私にこんなことを言った。私はそれが「ミステリアス」の真理かもしれないと思った。

ミステリアスな雰囲気は、ある秘密を隠すことで生まれるのではなく、何もないものをあるように見せられる人が生み出すものなのかもしれない。

他愛もない
幾つかのエッセンス

カカオ七〇%くらいの人生が
丁度いい。

ちょっと苦味があるくらいのチョコレートの方が、味わいがあって好きだ。多分人生も、ちょっと苦しいくらいの方が、飽きずに生きていられる気がした。当たり前が当たり前じゃないことに気づくことも出来るかもしれない。甘いだけじゃ、すぐに嫌になる。

カカオ七〇%のチョコレートみたいに、ちょっと苦くて、それでもほんのり甘いくらいの人生が、私には丁度いいんだと思う。

他愛もない
幾つかのエッセンス

語彙力が私を幸せにしてくれる。

昔から、口下手な人間だった。羞恥や緊張から言葉に出来ないというよりは、自分の中で点と点が結びつかない感情をどう伝えればいいのかが分からなくて、いつも言葉に出せない感覚だった。ある時を境に、その感覚がパタリと消えた。理由は恐らく、近代文学から、官能小説まで、ありとあらゆる本を暇さえあれば読み漁り、言葉の使い方と感情の表現方法を学んだからだと思っている。

自分の伝えたいことを、自分の言葉で伝えられるようになってから、まるで水道管の詰まりが解消されて、汚染された水が流れていくかのような心地よさと解放感があった。

私達は人だ。言語を持って伝えることでしか分かり合えない。

だからきっと、語彙力は私を幸せにしてくれる。

意味がある格言よりも、
無意味な会話に
救われることもある。

世の中は様々な格言に溢れている。そんな言葉達が、自分の人生の指針になったり、座右の銘になったり、はたまた救いをもたらしてくれたりする。けれども時として、誰かが生み出した確信に迫る格言よりも、意味も工夫もなく、意味ありげでもなく、只々無意味でありふれた会話に救われることもある。

下手に響く言葉を取り繕うよりも、安易に救われる言葉を探すよりも、救おうとも救われようともしないでありのまま無意味である会話こそが、本当は一番の特効薬なのかもしれない。

他愛もない
幾つかのエッセンス

踊らされていると思わせて、
華麗にステップを踏んでやれ。

中身のない男に誑《たぶら》かされるくらいなら、超えられそうで超えられないラインを意図的に設けて弄《もてあそ》びなさい。

私の言うことはなんでも聞いてくれると勘違いしている女には、適度に話を聞いて、自分の分の会計だけ済ませてさっさと店を後にしなさい。

掌の上で、貴方を踊らせようとしてくるのなら、その壇上で、華麗にステップを踏んでやれ。

他愛もない
幾つかのエッセンス

記憶出来る量には限界がある。

人が記憶出来る量はどれくらいなのだろうか。気になって調べてみると、百五十テラバイトという説を見つけた。正直よく分からないが、市販のｉＰｈｏｎｅの最大容量がプロモデルで一テラバイトだから、途方もない数字であることは確かだ。

ふと、大学時代の心理学の教授が、「人が一番記憶しているのは、喜怒哀楽が伴った記憶だ」と言っていたのを思い出した。

だから私は、百五十テラバイトを全て笑った記憶で埋め尽くそうと思った。全部は無理かもしれないが、せめて八割くらいは笑っている自分を留めておきたい。

積み重ねた笑顔が、明日の自分を笑わせてくれるかもしれないから。

ふとした瞬間に思った。
貴方ともいつか
別れてしまうんだろうなと。

元も子もない現実の話

元も子もない
現実の話

期待しないことは楽ではあるが、
楽しくはない。

「何にも期待しないのが長所で、何にも期待出来ないのがお前の短所だよ」

ある人に、そんなことを言われたことがある。私はどうやら、自分にも他人にも期待が出来ないらしい。その後私はなんて答えたのかはっきりとは覚えてはいないけれど、「その通りだと思う」と曖昧な返事はしたような気がする。

人に期待しないのは楽だ。どうせこんなもんだと思っておくことは、精神衛生上は寧ろ健全なくらいだ。でも、楽しくはない。自分で定めた基準以上に、何も起こらないからだ。

期待はしない方がいいが、期待はした方がいい。矛盾しているかもしれないが、その矛盾の間に、高揚感やトキメキといった、麻薬のようなスパイスがあるのだ。

素直さこそ最大の武器。

他人にも自分にも、素直に生きるのは何よりも難しい。けれども素直に生きられることが、心の蟠《わだかま》りを解消する唯一の手段と言ってもいい。

私が好きな英訳の本に、「人生は口論よ。欲しいものの為に戦わなくちゃ」という文がある。

気持ちを素直に言葉にする以外、私達に戦う術はない。

元も子もない
現実の話

消していい写真なんて
一枚もなかった。

私のスマホに残る、二〇一〇年代の写真フォルダには、たった百三十五枚の青春が並んでいる。写りのしっかりした、思い出らしい思い出のもの。

そのアルバムには、かつて軽く千枚を超える思い出が並んでいたはずだった。殆どは、ピントの合っていないものや、何故笑っているのかも思い出せないくだらないものばかりで、取るに足らない、ありふれた日常の一部に過ぎなかった。その価値を計れなかった私が衝動的に消してしまったのだ。いつ頃だったかはもう覚えていない。

今になって何故消してしまったのかと自問自答をしている。空《から》に近い写真フォルダを見ると、たまに名残惜しさに似た何かが私を支配して、臓器を丸々押さえつけられるような感覚に襲われた。

写真は、現代技術においても未だ実現出来ていない、タイムマシンの代役を担っている。大げさかもしれないが、過去にはそれだけの価値があると言っていい。分からなくてもいいからどうか訊いて欲しい。消していい写真なんて一枚もない。

元も子もない
現実の話

他人の寂しさの度合いなんて
分からない。

何処までいっても、他人の心情を全て汲みとることなんて出来やしない。生半可に全て分かった気になっていると、却ってそれが他人を大きく傷つけるきっかけになってしまう。

「君のことは全部分かっている」

そんな陳腐なセリフは言わない方がいい。分からないまま、隣に居続ければそれでいい。

傷つけられた分しか、
優しくなれない。

優しさと自己防衛は似ている。どちらも表向きには他人への親切心や慈愛のように見えるが、よく見れば明確に違う。優しさが、自身を顧みない行いだとするのならば、優しさに見せかけた自己防衛は、自分の立場や状況をこれ以上悪化させないように振る舞う行いのことを指している。

それを悪いことだと指摘するつもりもない。私にも貴方にも、きっと身に覚えがあるから。ただ、あえて言うのであれば、それは優しさではない。優しさを生み出す行為でもない。自分が知らない痛みへの共感は、分かったフリでしかない。

痛みも苦しみも好んで味わいたくなんてないけれど、その分きっと優しくなれるんだよ。

元も子もない現実の話

寂しくない人なんていない。

私は勘違いをしていた。大人は誰もが気丈に生きている。自分の中に支える軸がちゃんと存在していて、一人でも正しく前を向いて生きていられるのだと。

実態は違った。気丈に見えるのは振る舞いだけで、皆種類の違う孤独を飼い慣らしていた。悟られないように、寂しさに追い越されてしまわないように。必死に、必死に戦っていた。本当に怖いのは、自分は孤独だと気づいてしまうことだったから。

寂しくない人なんていない。寂しいと叫んで、誰も答えてくれないのが怖いだけ。

元も子もない
現実の話

憧れていた大人は
それほどいいものじゃない。

かつては何者にでもなれるような気がしていた。実際のところ、今からだって何者にでもなれるのだろうけれど。

周りの友人達が語る夢が、芸能人から大企業勤めに、プロ野球選手から消防士に、ピアニストから音楽の先生に変わっていくにつれ、現実的な夢を語れない自分が酷く子供染みて思え、あれだけ目を輝かせて語った夢を追いかけることさえ億劫に感じた。

大企業の社員も、消防士も、音楽の先生も、素敵な仕事だと思うし、やりがいも夢もあると思う。別に否定したいわけではない。貶《けな》したいわけでも毛頭ない。けれども私は、彼らと安い居酒屋で、「いつかはさ～」と嬉々として語る夢の話が好きだった。

「大人になるって、何かを諦められるようになることだよ」

ある日酒の席で誰かが言った。

そうはさせまいと、今日も私は馬鹿げた夢の話をする。

元も子もない
現実の話

苦労して手に入れたもの以外は
すぐに飽きる。

とても簡単には受け入れられない事実だが、自分の努力の一割にも満たない労力で、何かを習得出来てしまう人間は存在している。彼らはいつも、私がどれだけ欲しても手に入らないものを、コンビニに並べられた商品をカゴに入れるかのように簡単に手に入れていく。けれども彼らの欲は、私から見るといつも乾いているように見えた。

そして気づけばいつの間にか舞台からいなくなる。簡単に手に入るものに、興味がなくなってしまうから。

元も子もない
現実の話

前触れもなく、人は死ぬ。

友人の恋人が唐突に死んだ。「死」という概念は、現実から最も遠いところにあるものだと思っていたが、どうやらそんなことはないみたいだ。私と友人とその恋人の三人で、一週間ほど前に清澄白河《きよすみしらかわ》駅の河川敷沿いにあるカフェで談笑をしたばかりだった。

私がその恋人と話したのはその日が最初で最後だった。正直に言うと、気前の良い優しいやつという印象くらいしか覚えていない。でも友人づてに恋人の話を頻繁に聞いていたので、それなりの愛着に似た感情を持っていた。だからこそ、少なからず心情は揺らいだ。

葬儀には行っていない。友人の恋人の顔も、いまいち思い出せない。でも、電話越しに聞いた友人の声が、重く濁ったような響きをしていたのを覚えている。

前触れもなく、人は死ぬ。分かっていたつもりだった。でも、全然分かってなんかいなかった。

その現実を、私はまだ受け入れることすら出来ていなかった。

元も子もない現実の話

本当の面倒くさがり屋は、「面倒くさい」とは言わない。

面倒くさいからといって、取り掛かる前から投げ出そうとする姿勢を見せる人がいる。私が思うに、面倒くさいと言う人の殆どが、始まれば結構真面目に動き出す。彼らは何かを始めるのが面倒くさいだけで、何かをやることが面倒くさい訳じゃない。本当の面倒くさがり屋は、何かが始まる気配を察して、その場から静かに立ち去る人のことだ。

貴方はどちらだろうか？

元も子もない
現実の話

隙のある人について。

隙のある人には二種類の人が存在する。元々隙がある人と、隙を作っている人の二つ。これが俗に言う、「天然」と「あざとい」の違いだと私は思っている。

ところで、「あざとかわいい」はあるのに、「あざとかっこいい」があまり世の中に出回っていないのは何故なのだろうか。もしかするとそれは、隙を自ら作り出せるほど器用な男なんて存在していないことの何よりの証拠なのかもしれない。

元も子もない現実の話

忘れたいと思っていることの大半は、
本当は忘れたくないのかもしれない。

忘れたいと思っていることほど、ふとした拍子に自ら振り返って感傷に浸ってしまう。まるで、かつての時間に戻っているかのように、目を瞑《つむ》って、そこにあるはずのない体温に触れるように手を伸ばす。そうしているうちは、癒えない生傷の鋭い痛みすら、心地良く感じてしまうことがある。

目を開けば、そこには誰もいない。伸ばした手の先にも、虚像があるだけ。その事実を目の当たりにして、思い出したように傷口から鮮血が流れ、その苦痛に掠れた声が漏れる。

それでも時々自ら思い出してしまうのは、本当は忘れてしまいたくないと願っているからなのかもしれない。二度と戻れない、いつかの日を。

元も子もない
現実の話

無知のまま
否定なんてするものじゃない。

姉がクリスチャンになってしまったからなんとか引き戻したいと私に訴えてきた知人がいた。

私が「周囲の人に何か迷惑を掛けたり、高額の胡散臭い十字架のネックレスを買わされたり、入信を斡旋《あっせん》しているのか？」と聞くと何もしていないと言った。「では、君は聖書を読んだのか？」と聞くと、その人は読んだことがないと言った。

「じゃあまず、聖書を読んでみなよ。別に入信しろって話じゃない。それを読んでどう思うのか、君なりに考えてみるといい。それを君の姉に伝えてみてもいいと思う。価値観は自由だ。神様を信じるのだって自由だ。でも、無知のまま他人の価値観を否定するのは罪だ」と私が言った。宗教に限った話じゃなく、世の中は他人の価値観に寛容であるべきだと私は思う。

知人は帰り際に渋谷《しぶや》で無料配布されていた聖書を受け取ったらしい。そのあとは知らない。

元も子もない
現実の話

何事にも順番がある。

どんな物事にも順番があるのだと思う。覚えられていく人がいれば、忘れられていく人もいる。結ばれる人もいれば、別れていく人もいる。そうやって、誰に悪気があるわけでもなく、私達は無意識に自分に必要なものの選別を繰り返しているのかもしれない。

元も子もない
現実の話

結婚は概念であって
「幸せの約束」ではない。

結婚したからといって、それは事実でしかないし、誓いを立てたからといって、それは決して永遠の「幸せの約束」なんかではない。長く幸せであるには、それなりの工夫と、努力も必要だ。幻想や理想ばかりを押し付けてもいられない。

感情で戦うのが恋愛であり、そこで得た理性で戦うのが結婚というものではないだろうか。

元も子もない
現実の話

人と別れた後の孤独感の強さが、
その人との関係性の全て。

改札で分かれた後、下校時の友人と分かれた通学路、旅行帰り自宅までの一人の道、助手席に乗せていた人を家まで送り届けた後の帰路、人と過ごした時間の後、一人になった瞬間からジワジワと胸中を占めていく孤独感の強さが、その人との関係性の全てだと思う。

「私はこの人のことをどう思っているのだろう」

それが分からないのであれば、別れたあと何を感じるのか、試してみるといい。

きっと直ぐに自分の本音が分かるはずだ。

元も子もない
現実の話

私は案外一人でも生きていける。

人との距離感が、歳を重ねるごとに一歩ずつ遠くなっている。

新たな交友関係を広げ築いていくのにも、これまで以上に労力が必要になった。煩わしさからなのか、年齢が一つ刻まれるたびに人と関わる機会から一歩遠くなり、疎遠になっていく人も増えた。

その中にはかつて親友だと肩を組み合った友人すらも含まれていた。彼らなしでは生きていけないと思っていた過去がある。この人しかいないと心で誓いを立てた恋人もいた。けれども今になってみれば、少なからず私の人生に影響を与えてきた彼らなしでも、私はちゃんと生きていけている。多分これからも然るべき時に必要な人に出会い、来るべき時に別れを繰り返していく。

そのたびに、案外一人で生きていけてしまうことに絶望するのだと思う。

元も子もない
現実の話

孤独と一人は違う。

一人でいる時に感じる寂しさは、孤独とは種類が違う。誰かが隣にいる時間があるのを知っている贅沢な寂しさなのだ。孤独には、傍に誰かがいる気配も、温もりも、息遣いの面影もなかった。そこにあるのは、自分と向き合い続ける私しかいなかった。

孤独と一人は、対義語として扱う必要があるほどに意味が違う。それを知らない人達が、無意識に孤独な人に安易な共感をして、知らない間に傷つけてきたんじゃないだろうか。

かつての私が流した涙と怒りの理由が、漸く少しだけ分かったような気がしている。

たった数文字の言葉が、
人生を変えてしまうことだって
あると思うんだ。

正しさよりも
大事なこと

正しさよりも
大事なこと

逃げるという戦い方。

世の中の大人の言葉や、書店に並ぶ沢山のエッセイを見てきたが、その殆どが、「どうやって戦うか」ばかりを教えていて、「どうやって逃げるか」は教えてくれていないように感じた。

「戦え！　戦え！」とひたすら武器を取らせ、もう戦えないと嘆く人にまで「立ち上がれ！」と鼓舞をする。まるで戦って前に進むことでしか、生きる道はないみたいだった。きっと誰しもが、正面から今をぶち破って、前に進みたいわけでもないのに、私達の生きる世界はそれを善としてくれない。

だから私は、あえて「逃げる」という戦い方を伝えたい。どうしようもない現実を「受け入れる生き方」を伝えたい。戦うことでしか見えない道があるように、逃げることでしか見えない道があることを、私はちゃんと伝えていきたい。

正しさよりも大事なこと

真偽はどちらでもいい。思い込みと解釈が大切って話。

桜の花は、冬が長く厳しいほど綺麗に咲くらしい。

実際、代表的な桜の種であるソメイヨシノには、寒ければ寒いほど春の暖かさに敏感に反応して開花が早くなるという特性があるそうだ。しかし、綺麗に咲くかどうかはあくまで誰かの希望的観測でしかない。でも、長く厳しい時間を乗り越えた先に咲く桜が、いつもより綺麗に咲いていると信じる方が何かと都合がいいと私は思う。要するに思い込みと解釈が大切という話。真偽なんてどちらでもいいじゃないか。

正しさよりも
大事なこと

学校が全てじゃない。

不登校生徒ではなかったが、学校に通うことへの意義はずっと見つけられずにいた。それほどコミュニケーション能力が高いわけでもなく、団体行動より一人で動くことの方が好きだった私には、集団で毎日同じカリキュラムを消費していく生活はどうにも身体に馴染まなかった。

私は恐らく、何かきっかけがあれば学校に行くのをやめていた人間だと思う。「もう登校しなくてもいい」と決定づけてしまうきっかけが偶然なかっただけだ。

思春期を拗《こじ》らせていた私は、一度だけ先生に、「学校に来る意味はあるのでしょうか？」と尋ねたことがある。「学校に来ないとまともな大人になれないぞ」とその先生は言った。何か革新的な言葉を求めていたわけではないけれど、取ってつけたような回答をした先生に、その場で悪態をつきたくなるほど幻滅したのを覚えている。

私が卒業して二年後、先生は部活での体罰が問題になって学校を辞職したことをニュースで見た。学校を卒業したとしても、皆がまともなわけじゃない。

生きていく中では、最低限の教養はやはり必要だと思う。でもそれは、決して学校で学ぶことが全てではない気がしている。

正しさよりも大事なこと

恋人のいる異性が魅力的なのは当たり前。

人のものが羨ましくて奪いたくなる類の人がいる。色んな角度からの見方があると思うが、あながちその思考は理にかなっているように思う。

恋人がいるというのは、その人には、少なくとも付き合う段階では恋愛的に魅力があったという証拠で、恋人の存在そのものが証明書のような役割を果たしていると言えなくもない。悪い言い方をすれば、好感の持てるレビューがついた商品みたいなものだ。誰かがネットのレビューで、商品の魅力を存分に語っていれば購買意欲を駆り立てられるのと同じで、誰かが恋人のいる異性の好意的な部分を語れば、その愛が自分に向いて欲しいと思ってしまうのも、分からなくはないような気がしてしまう。

些か暴論が過ぎるだろうか？

正しさよりも大事なこと

浮気も不倫も、当事者にとっては純愛だったりする。

浮気や不倫なんて、そこら中で起きている。ドラマや映画の中で語られる絵空事なんかじゃ決してない。容認するつもりもないが、厄介なのは彼らにとって浮気や不倫すらも、純粋な愛だったりするところだ。ただの遊びならまだ怒りの矛先を容易に向けられるかもしれないが、「貴方とはもうやっていけない」なんて言われた暁《あかつき》には、その怒りや悲しみを何処に向ければいいのだろう。

私が当事者になったとしたら、選んだ相手が悪かったと割り切れる余裕も、「分かった。さよなら」と潔く別れを告げられる自信もない。

正しさよりも
大事なこと

結末が分かっていても、
劇的を信じずにはいられない。

始まった瞬間から、エンディングは報われないものになるのが分かりきっていることが稀にある。一見正解に繋がる選択肢があるように見えて、どれを選んでも、辿り着く場所は最初から決まっているような出来事が。それでも私は、結末を迎えてみるまでは劇的を信じずにはいられなかった。

伏線を回収しながら最後に誰もが裏を取られる、映画のクライマックスのような劇的な展開を、心の何処かでは、願わずにはいられないのだ。

正しさよりも大事なこと

私が欲しいのは、
誰にでも当てはまるような
言葉じゃない。

「頑張れ」と言われるのが好きじゃなかった。私が酷く疑心暗鬼になっていたのもあるが、まるでその言葉が、今までの自分が頑張っていなかったみたいな響きを持って発せられているように感じてしまったから。

勿論、誰かから見た私の努力は至らなかったのかもしれないけれど、私が欲しかったのは「頑張れ」じゃなくて、私自身を見ているのだと感じさせてくれる言葉だったと思う。

今でこそ、自分に必要な言葉を自分で見つけたり、作ったり出来るようになったが、私は人だから、それが出来ないくらい、膝をついて立ち上がれなくなる時もある。「頑張れ」は魔法の言葉なんかじゃなく、時として人の心を折る武器にもなり得てしまうのだと、私は勝手に思っている。使いどころを誤ってはいけない。決して万能な言葉ではないから。

正しさよりも大事なこと

生きなきゃいけない理由なんてない。

生きなきゃいけない理由なんてないが、死ななきゃいけない理由も同様にない。

どうせなら、最後までその理由を探し続ければいい。

答えはきっと見つからないが、幾つか生きていて良かったと思う瞬間には出会うはずだ。

正論は錆びたナイフと同じ。

正論なんか聞き飽きた。進もうとしている道が正当な道じゃないことも、幸福になれる可能性が著しく下がることも、言われなくたって分かっている。

全部分かった上で、それでも進んでみたい道がある人にとって、正論は錆びたナイフと同じだ。

正論とベストアンサーはイコールではない。私が知りたいのは、貴方なりのベストアンサーだ。

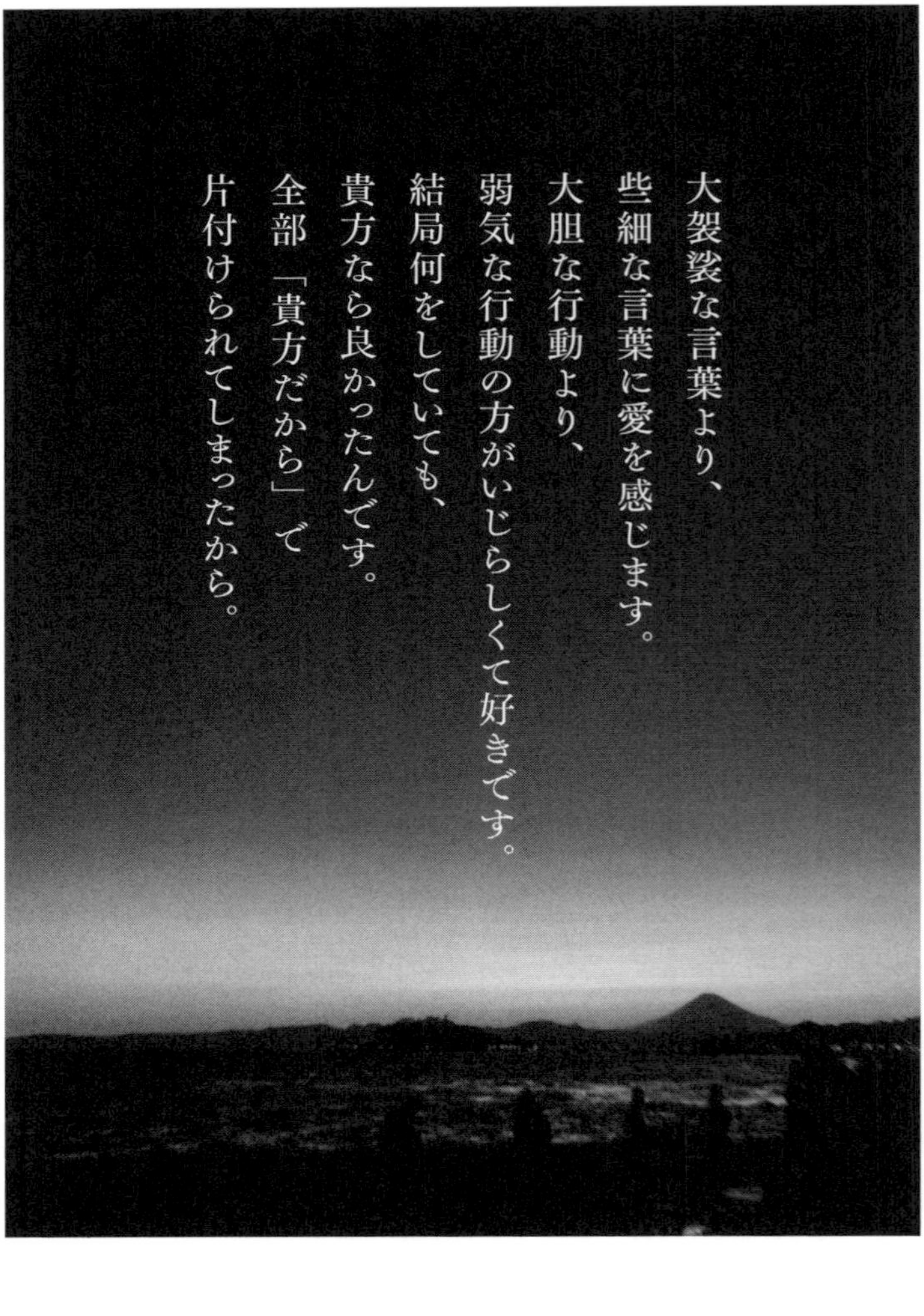

大袈裟な言葉より、
些細な言葉に愛を感じます。
大胆な行動より、
弱気な行動の方がいじらしくて好きです。
結局何をしていても、
貴方なら良かったんです。
全部「貴方だから」で
片付けられてしまったから。

10代で知って
おきたかったこと

10代で知っておきたかったこと

十五歳の自分も二十二歳の自分も
大して変わらない。

まだ制服を着ていた頃、大人になった自分は、どんな人間になっているのだろうとよく妄想していた。その妄想の中にいる自分は都合よく美化されて、夢を叶えてオリンピックの舞台で会心のレースを繰り広げていたり、あるいは言葉の意味も分からない横文字を大量に使い、スーツを誰よりもパリッと着こなし、颯爽《さっそう》と振る舞っていたり、運命的な出会いを果たした恋人と幸せな日常を送っていたりした。

その妄想は二十二歳になって就職した時でも変わらなかった。いや、今の年齢になっても大して変わっていない。考えていることも、感じていることも、少し言語化が上手くなっただけで、かつての私と何も変わっていない。

もしかすると、私はまだ何も諦められていないのかもしれない。ある日酒の席で誰かが言った「大人とは」の姿が本当なら、大人なんて、何処にもいないのだと思う。

10代で知っておきたかったこと

「特別」より「何気なさ」に
青春はあった。

青春は特別な何かだと思っていた。

決定的にこれだと言える瞬間があって、制服に袖を通し、真新しいローファーを履いて玄関を出た瞬間から、全身で実感出来るものだと期待をしていたのかもしれない。

だからこそ、目に見えない青春というものの実態が掴めずに、形ある「特別」を探し求めようとしていたのだと今なら分かる。

「特別」なんか要らない。教室で交わす中身のない級友との会話も、些細な一言で起きた人間関係のいざこざも、報われなかった恋も、当たり前にやってきた「また明日」も、泣きながら歩いた通学路の気配も、傍で何も言わずに寄り添ってくれた友人の温もりも、退屈に思えた教師の授業も、校庭から聞こえる他クラスの体育の喧騒も、ノートの端に記した私と貴方の名前も、その全ての「何気なさ」が、青春の全てだ。一瞬たりとて、目を離してはいけない。

大人の戯言は、心の片隅くらいには留めておく価値がある。

聞いてもいないのにやたらと自分語りをしてくる大人は身の周りにいないだろうか。私の周辺は、近頃は随分と静かになった。それを寂しくすらも感じることがあるが、時折酒の席で見知らぬ大人の武勇伝を聞かされるとうんざりするのも本音だ。大抵はくだらない。本当に聞く価値もないただの自慢だ。でもごく稀に、行き詰まっていた人生を救う、戯言のような教訓がある。

「ダメな大人は話が長い」というのは私ととある友人の共通の見解だ。だが、ダメな大人の戯言のような教訓こそ、真に庶民的で、間違ってはいない汎用性の高いスキルだというのが私の見解でもある。

どれだけくだらないと思う話も、心の片隅くらいには留めておくといい。いつか巡り巡って、人生を救うきっかけになるかもしれないから。

10代で知って
おきたかったこと

親友になり得る人との間には
過ごした年月は関係がない。

過去を共に過ごしてきた時間の長さは、今の自分が作りあげる人間関係にはあまり関係がない。軽はずみに運命という言葉を使いたくないが、出会ってからたったの数時間で分かり合えてしまうほど、運命的に相性の合う人はやはり存在する。

極端に言えば、明日唐突な出会いを果たして、親友になり得る人物が現れることもあるかもしれない。結びつきの強さというのは、過ごしてきた年月ではなく、その濃淡が決めるものだ。

大人という存在に憧れる必要はない。

少年少女の言う、「早く大人になりたい」は「理想の自分になりたい」の言い換えであって、真に大人になることを望んでいるわけではきっとない。それは、思い通りに生きるのが難しいこの世の中で、理想の自分になりきれない大人達のため息から推し量ることが出来る。

大人なんてものは、思っているほど理想だけでは語れない。況《ま》してや大人なんて誰でもなれてしまうものに、憧れる必要もない。

大人になることなんかより、今を懸命に生きることの方が余程難しいのだから。

10代で知って
おきたかったこと

「特別」に基準はない。

普通に学校に行って、普通に部活をして、普通に恋愛をして、普通に大学に行って、普通に就職をして、普通に結婚して、普通に家族が出来て、普通に生きていく。

私の人生何も特別なんかじゃないと時々泣き叫びそうになるが、立ち止まって振り返って見れば、傷つきながらも必死に歯を食いしばってしてきた選択が築いた道が、確かにそこにあるはずなんだ。

誰にも辿れない私が選んだ道。誰が凄いとかじゃない。私が選んできた人生も、紛れもない「特別」だったはずだ。

10代で知って
おきたかったこと

SNSより夢中になるべき時間がある。

思えば、初めてSNSのアカウントを作った高校二年生の頃から現在に至るまで、誰でも気軽に押せるただの電子的な信号でしかない「いいね」の数に一喜一憂してしまっている自分がいる。

友人の投稿には「いいね」を押しているのに、同時期にあげた自分の投稿にはその子からの「いいね」がなかったりすると、「嫌われているんじゃないか」とすら考えてしまっていた。

私だって、それほど深く考えて誰かの投稿に反応しているわけでもないのに、自分のことになると妙に神経質に考えてしまうのは何故なのだろう。その一件の「いいね」に大した価値があるわけでもないのに。

そんなものよりも、直接声を聞きながら、いつでも触れられる距離で交わすくだらない話の方が余程価値があるんじゃないだろうか。夢中になるべき時間は、きっと現実にしか流れていない。

「特別」なことが、
何かを続ける条件というわけではない。

誰にも真似出来ない「特別」であることが、何かを続けることの条件ではない。そう教えてくれたのは、趣味でポートレート撮影をしていた時に出会った音大生だった。

彼女は三歳の頃からピアノを習い始めて、暇さえあればピアノを弾き続けるぐらいピアノのことが好きだと私に語ってくれた。

そんな彼女でも、プロになってピアノで稼いで生きていくことは出来なかったらしい。出会ったその日には、大学卒業を機に広告業界に進むことを決めていた。

「ピアノだけで生きていくことが出来ないのを悔やんでないわけじゃないけど、僻《ひが》んでいるわけではないの。自分が好きで、楽しいと思えるピアノは、これまで通り、私の気が済むまで、いつまでも弾けるから」

そう言った彼女の笑顔を撮った写真が、その日のベストショットだった。

「特別」なんかじゃなくても、好きならどんな形でも続ければいい。彼女は私に、そう教えてくれた。

可愛らしくより、
自分らしくが一番可愛い。

私が私であるために必要なこと

私が私であるために
必要なこと

なんにも上手く出来ない自分は、
案外可愛らしく思える。

愛に基準があるのなら、欠点を愛でられるかどうかだと語った。それは自分自身を好きでいられるかの基準とも同じだと思う。私は多分、なんでもそつなくこなせてしまう自分には自惚れてしまうと思う。

何も上手く出来ないけど、それでもいいじゃない。

私が私であるために
必要なこと

「らしさ」なんてものはない。

ところで、「らしさ」とはなんだろう。社会人らしいとか、最高学年らしいとか、最近では一児の母でありモデルとしても活躍されている女性が、ヘソ出しの服を着た写真をSNSに上げて「母親らしくない」と炎上したこともあった。未だに私は「自分らしい」以外の「らしい」に模範解答は見たことがない。誰がどんな考えをしていたっていいと思うし、誰がどんな服装をしていたっていいと思う。何処で誰が何をしていたって、当人がそれでいいと言うのであれば外野には関係のないことなのだから。

誰かが定めた「らしさ」で生きることよりも、自分らしく生きることの方が余程理想的な人間になれるような気がする。そして、理想というのもまた、人によって色が違う。

先日、高校生時代に毎日書いていた練習ノートを読み返してみた。

全二十八冊に及ぶ日記の一冊目、入学して最初に書いた文の最後には、「早く一人前の高校生らしくなりたいです」と綴《つづ》られていた。

「らしく」なんてならなくても、私はもう立派な高校生だったはずなのに。

私が私であるために必要なこと

何かを手に入れる喜びより、
何かを失うことのほうが怖い。

いつからだったたろうか。何かを手に入れると、失うことを想像して怖くなった。最初から何も持ち得なかった私は、いつの間にか何も持ち得ないことに慣れてしまっていた。欲しかったはずのものなのに、手に入れた瞬間から、自分には相応しいものではないような気がして、直ぐにでも壊してしまいそうで、終わりが来てしまいそうで、結末を迎えることが堪らなく怖くなった。

私は一体、なんのためにそれを欲していたのだろう。終わりなんて来なければいいのに。

私が私であるために
必要なこと

一人の行動力が人生を豊かにする。

自分一人では生きていくのは困難に思えるかもしれないが、人生の大半を占めるのは、やはり一人の時間だ。一人の時間を有効活用出来るかどうかは、人生の豊かさに直結する。学校という世界の中にいた間は、一人でいることは中傷の対象になったかもしれないが、世間ではそうでもない。一人カラオケや一人焼肉なんて言葉が流行り出して久しいが、一人を堪能する人の為の一人専門店が立ち上がっていくほど、世の中はお一人様に寛容だ。何も恥じる必要なんてない。隣に誰かがいないと楽しめない人生より、一人でも楽しめる人の方が、きっと人生は豊かになる。

貴方がいなくても大丈夫だ。一人の行動力が、その証明にもなるかもしれない。

「何者」かにはなりたいけど、
「何者」になりたいかは
走り出してみないと分からない。

自分は何がしたいのだろうと、暇さえあれば考えてきた。突発的にやりたいことが見つかることがあっても、数日後にはその熱の理由が行方不明になって、また道に迷った。何者かにはなりたいけど、何者になりたいのかがずっと分からず、焦る必要もないのに息切れしながら正解を探してきた。

私は、走り続けてきた荒野の途中で偶然道を見つけて、そこで人に出会ったことで、「何者」になりたいのかが見つかった。それは多分ものすごく幸運なことだったのだと思う。同時に自分が「何者」になりたいかは、立ち止まったままでは見つからないものなんじゃないかとも思った。

訳も分からず走り出した先にしか、「何者」かへの道はきっと見つからない。

「天才」とか「美人」とか、
そんなカテゴライズで
苦悩がなくなるわけじゃない。

人の数だけ悩みがある。よく使い回されている言葉だが、本当にその通りだと思う。自分から見た理想の人は、まるで何も悩みがなく全てに恵まれているかのように思えるかもしれないが、実状はそんなことはない。その立場でしか抱えられない、知られざる悩みがあることを、知らないだけだ。

私は自分にはなかった才能というものに憧れ、嫉妬し続けてきた。だから無意識のうちに、誰もが認める「天才」の努力を、才能なのだと決めつけていた節がある。「天才」には「天才」なりの苦悩があり、乗り越えるための努力を重ねていることは、皆同じだというのに。

自分の容姿が「美人」というカテゴリーに含まれていれば、今抱える悩みは殆どなくなるだろうと思っていたこともある。でもそれも結局、「美人」というだけで勝手に期待される別の苦悩が増えるだけだ。私が勝手に定めたカテゴリーでは、苦悩のレベルを推し量ることは出来ないのだ。

私が私であるために
必要なこと

「エモい」なんて言葉で
片付けていいほど、
この瞬間は単純じゃない。

「エモい」という言葉が嫌いだ。向き合うべき情景や感情から逃げているような気がするからだ。だからあまり使いたくないし、本書でも一度も使っていない。「エモい」なんて言葉で簡単に片付けられてしまうほど、私の生きてきた時間は単純なんかじゃない。そう信じて向き合うことで、淡白な日常はもう少し彩りを見せるのだと思う。

私が私であるために
必要なこと

自分の中にある言葉だけでは
何も語れなくなってからが
人としての本質。

人生そのものに絶望する友人に、二人の関係性を問う恋人に、自分の内側にある言葉だけでは何も語れなくなった時、新たな言葉を取り入れるのか、語れないからと行動にして示すのか、あるいは適当な相槌や曖昧な言葉で逃げ切ることを選ぶのかで、友情や愛情という不確かなものの形を問われるだろう。何も語るものがなくなってからが、人としての本質だ。

些細な出来事に
喜びを覚えていくことが、
大きな挫折を乗り越える第一歩。

例えば、コンビニで買ったアポロチョコに星形のものが入っていたことを喜んだり、一度も自ら話し掛けられなかった人に、声を掛けられた自分を褒めたり、昨日より一単語多く覚えられたことに成長を感じたり、日常で見逃されている、些細な出来事に丁寧に喜びを覚えていくことが、大きな挫折を乗り越える第一歩になる。いきなり幸せにはなれやしない。

私が私であるために
必要なこと

やりたいことへの動機は単純で良い。

何かを始めることには、「やってみたい」という好奇心以外には何も必要ないと思う。

不純だとか大義だとかはどうでもよくて、赴くままになんでもやってみればいい。

幸いなことに、「やってみたけど思っていたのと違った」と後悔する時間はまだ沢山あるのだから。

間違っていたことの方が多くて、
どれが間違いだったのかすら分からない。

純度一〇〇%の正解を選ぶことなんて出来ないと思う。幾度となく訪れた分岐点で選択してきた道も、大半が間違っている。もはや正解の道なんて存在していないとすら思う。

残されたのは、選んだ道を開拓して、模範解答を作ることだけなのかもしれない。

選んだ選択肢を○にするか×にするかは、私達の自由だ。

私が私であるために必要なこと

誰と出会うかで人生の八割が決まる。

生まれた瞬間から、私達は誰かの影響を受けながら生きている。自分一人で決断してきたつもりでも、その裏には必ずと言っていいほど、動機になる誰かの存在がある。それが実際に出会ってきた人になるのか、あるいはテレビの向こうで名を馳せているスターになるのかはその瞬間まで分からない。誰かと出会うたびに、人生の指針が変わることもあるかもしれない。

私が今、こうして文章を書く仕事をしているのは、新宿《しんじゅく》のベローチェでとある小説家と出会ったことと、代官山《だいかんやま》のバーで、「君の本を読んでみたい」と言ってくれた編集者と出会ったことで、おおよそ決まっていた。きっと誰しも、そんな出会いが一度や二度あるのだと思う。

私が私であるために
必要なこと

誰かに救って貰いたい夜がある。

人生で一度だけ、旅先の店で見知らぬ異性に声を掛けたことがある。それは、名前も忘れた企業の面接で京都《きょうと》を訪れていた時で、場所は確か、四条《しじょう》駅の近くにある、小さなバーのような店だった。カウンター席に座っていた私は、隣の席の人に声を掛けた。私より四つほど年上だったその人は、突然話し掛けた私に対して、アルコールで熱《ほて》った顔に愛想の良い笑みを浮かべながら、気さくに接してくれた。

あの日、柄にもなく見知らぬ人に声を掛けてしまったのは、一人で訪れた京都が心細かったわけでも、就活が上手くいかなかったからでも、一夜の相手を探していたわけでもなかったと思う。多分、ただの衝動みたいなものだった。

「よく一人で来るんですか?」と尋ねると、「一人ではまず来ないけど……」と歯切れが悪そうに言って、グラスに口をつけた。ゴクッと一つ喉を鳴らして、グラスをテーブルに置き直すと、「誰かに救ってもらいたい夜ってあるじゃない?」と照れたように言った。その言葉の意図は掴めなかったし、そんな夜があるのかどうかも分からなかったが、「あるかもしれないですね」と私は言っていた。

大人には、誰かに救って貰いたい夜があるらしい。いつか私にも、そんな夜が来るのかもしれない。

軽はずみな気持ちで
何処へでも行けばいい。

ある年の春先、唐突に一人になりたくなって、大学の講義をサボり逗子《ずし》葉山《はやま》に一泊二日の小旅行に出かけたことがある。計画性もなく、時間の許す限り、昼夜ぼんやりと海沿いを歩き続けた。

その夜、一泊二千円の格安ゲストハウスで、相部屋になった田中《たなか》さん（偽名）と出会った。バイクで旅をして回っていると語った田中さんは私より二つ年上で、本来であればこの四月から就職をして不動産会社に勤める予定だったそうだ。旅を始めたのにも、深い事情や理由はないらしかった。

「ふと、何処へでも行けばいいじゃないかと思った日があった」と田中さんは日に焼けた顔に笑みを浮かべながら言った。

翌朝、バイクに跨《またが》り後ろ手を振る田中さんの姿は、軽はずみな気持ちで何処へでも行けばいいんだと、私に語りかけてくれていた気がした。

私が私であるために
必要なこと

どうでもいいと言う人ほど、
何も諦められていない。

何事にも、「どうでもいいんだけどさ」と言って、逃げる癖があった。

友人が私を誘ってくれなかった理由を聞いた時も、恋人が私以外の誰かと寝ていた事実を人づてに知った時も、どれだけ真剣に愛を与えても振り向いてくれなかった異性に対しても、私は、「まぁ、どうでもいいんだけどさ」と捨て台詞のように言った。

本当は、何も諦められていなかった。ただ、その事実を受け止めるだけの器量がなかったから、どうでもいいフリをして、傷ついていないフリをして、逃げて回っていただけだった。

何もかも、どうでもよくなんてなかったのに。

私が私であるために必要なこと

目的がなければ東京も人生も
さほど面白くはない。

上京して最初に絶望したのは、東京はなんでもありそうで、何もないということだった。かつてのように胸の高鳴りを感じながら、渋谷に行っても、中目黒《なかめぐろ》に行っても、新宿に行っても、どの名の知れた街に出向いても、そこには何もなかった。あるのは地元より背の高いビルと、少し種類の多い飲食店だけ。目的がなければ、ただ人が多いだけの煩《うるさ》い街に過ぎなかった。

憧れに近づいた時に、自分の思い描いていた理想像とかけ離れていて絶望するのと同じように、私は東京に、特別な何かを期待し過ぎていたのかもしれない。やりたいことがなくてつまらなかった人生と、東京は同じだった。

人生に大いなる意味はないと私は思う。されども目的なしで飽きることなく生きられるほど、人生は短くはない。

私が私であるために
必要なこと

「もし」という言葉は
過去じゃなくて
未来に向けて使いなさい。

「もし、あの時声を掛けられていたら」

「もし、あの時勇気を出して一歩踏み出していたら」

「もし、あの時引き止めることが出来ていたら」

「もし」という言葉をこんな風に過去を振り返る言葉として使っていないだろうか。

「もし」という言葉の本当の使い方はこうだ。

「もし、私達が付き合って、結婚なんかしちゃったら、最高にユーモアに富んだバカップルになると思わない？」

「もし」という言葉は、未来の明るい妄想のために使うものだ。

この使い方を、「もし」の未来活用形と言う。模試に出るので、予習復習が必須だ。

（今名付けた）

私が私であるために
必要なこと

泣きたい日は
気が済むまで泣いておいた方がいい。

「泣いて許されると思うなよ」が罷《まか》り通ってしまう時がある。許されると思って泣いている訳ではないのに。

笑いたい時はただ笑いたくて顔を綻《ほころ》ばせていてもいいのに、悲しい時や悔しい時に泣くのは「甘え」だと教え込まれてきたことに、未だ疑問ばかり。

感情を隠すことは美学かもしれないが、泣きたい日くらい、泣いておいた方がいい。

私が私であるために
必要なこと

自分が卒業したいと思った時が、
春でいい。

春になると、何故か焦ってしまった。

恋とか、学校とか、今の生活とか。周囲の人はあらゆることから卒業していくのに自分は今年も変われないまま、足踏みをしている気がしてしまうから。

全部春が悪い。別に春に何かから卒業しなきゃいけない法律なんてないのに。そんな気にさせてしまう春が悪い。だから、春に卒業するのを辞めた。

「好き」を辞めたいと思った時に卒業する。

「自分を変えたい」と思った時に卒業する。

自分が卒業したいと思った時が、春でいい。

私が私であるために
必要なこと

全てのことに理由はいらない。

理由もなく寂しい日がある。理由もなく涙が溢れることがある。理由もなく人の肌の温かみを感じたくなる瞬間がある。理由もなく別れを切り出すこともある。理由もなく声が聞きたくなることがある。理由もなく快感だけに浸りたい夜がある。理由もなく忘れたいと思うことがある。その衝動に意味を持たせる必要もない気がしている。

全てのことに理由なんていらないから、ただ赴くままに生きてみればいいんじゃないだろうか。

私達は分かり合えない。

「貴方って本当に人の気持ちが分からない人だね！」

そんな強い言葉を面と向かって私に言い放ったのは、小学校五年生の頃の担任の先生だった。今でも鮮明に覚えているのは、後にも先にも、これほど真っ直ぐ悪意を隠さず否定的な言葉をぶつけられたことがないからだと思う。

残念ながら何があってそんなことを言われたのかは覚えていない。単発的に私が何かをした記憶はない。積み重なった私の行動とか、発言とかが気に障ったのかもしれない。

十一歳の私に怒気を孕《はら》ませて言い放った担任も、今になってみればどうかと思うところがあるが、とにかく幼かった私には、今でも古傷が痛むくらい強くその言葉が刺さった。

それから、ことある毎に人の目や考えていることが、気になるようになった。私が本当に人の気持ちが分からない人間かどうかはどうでもよくて、只々、誰かに嫌われたくないと思った。

人前では一枚仮面を被るようになり、家にいる自分と、学校にいる自分との乖離《かいり》に違和感と苛立ちを感じながら、どうでもいいことまで深く、深く考えて、慎重に生きる癖がついた。実を言うと、今もまだこの癖が抜けていない。けれども、怪我の功名だったのは、その癖が巡り巡って今文章を書くのに役立っていることと、結局のところ、人は他人の気持ちなんて理解し得ないと気づけたことだ。

察することが得意な人はいても、人間にはテレパシーのような超次元能力は使えない。そんなことは古代から分かりきっていることだ。だから言語が出来た。言葉を使って思いを伝える文化が出来た。

私は人の気持ちが分からない人間なのかもしれない。だが、十一歳の私を強く否定した担任の先生が、私がどう思うかを考えられなかったように、私たちは真に理解し合うことは出来ないのかもしれない。

だから好きに生きればいいのだと思う。

分かって貰おうとして、窮屈に生きなくてもいいのだと思う。

私は好きに生きる。

貴方も好きに生きればいい。

私は、そんな貴方が生きた人生の話が聞きたい。

詩／*Uta*
真夜中が好き。
休日の早起きは苦手。

愛がなくても生きてはいけるけど

2024年4月28日　初版第1刷発行

著　者　詩　
発行人　菊地修一
発行所　スターツ出版株式会社
〒104－0031 東京都中央区京橋1－3－1　八重洲口大栄ビル7F
TEL 03－6202－0386（出版マーケティンググループ）
TEL 050－5538－5679（書店様向けご注文専用ダイヤル）
https://starts-pub.jp/
印刷所　株式会社　光邦
Printed in Japan
ＤＴＰ　久保田祐子

ISBN　978-4-8137-9325-0　C0095